旅路

遠い空

小柴壽恵
KOSHIBA Toshie

文芸社

憧れの未知の世界へたてし我
　心はるけきあなたの空に
夏雲と弾む心を道連れに

目次

一九七〇年七月二九日……上野を出発

一九時。上野駅は混雑していた。私は一緒に北海道を旅行する千恵美とここで待ち合わせていたのである。栃木の田舎から出てきた私は、千恵美との約束の場所に一目散に向かった。

千恵美とは小学校からの友達で、中学になるとお互いの家を行き来し友情を深めていた。千恵美は左利きだが、器用で編み物や料理が得意であった。左利きの人は器用だと聞いたことがある。私は不器用でそういうのは苦手であった。私も千恵美も今年二十歳。成人式を済ませたばかりである。今回の旅行は記念になるはずだ。

高校を卒業すると東京の会社に彼女は就職し、私は地元の短大の定時制に入学した。別に短大で何を学ぼうと思ったわけではない。高校で同じクラスだった友人に誘われただけである。その友人とは二年間同じクラスであった。ゆったりとした穏やかな性格で、

「私一人で受験するのは心細いな。一緒に受けてくれない」

「いいよ。だけど私は国文科だよ」

軽い気持ちで答えた。

小さい頃から理数系より文系が好きだった私は国文科を選んだ。子どもの頃、本好きだった祖母からよく昔話を聞かせてもらっていた記憶がある。友人は初等教育科へ進んだ。

「私は幼稚園か小学校の先生になりたいの」

と彼女は言った。ただ何となくの私とは大違いである。

一九七〇年七月二九日……上野を出発

私は、昼間は医院で受付のバイトをしながら夜は短大で学んでいたし、千恵美も東京での仕事が忙しく、遠距離ということもあり会う機会もなかったので、手紙や電話で日程や場所を打ち合わせていた。当時はスマホやパソコン等はなく、今のように簡単に調べられない。しかし書店にはたくさんの旅行ガイドブックが置いてある。その中から私は『ブルーガイドブックス北海道』を買うことにした。北海道の写真や地図、コース等詳しく載っていたからである。ちなみに値段は三八〇円。

物価も今とは大分違う。いくつか紹介しよう。お寿司一人前一五〇円、ミカン一袋一五〇円、コーラ一本七〇円、弁当二〇〇円、雑誌一〇〇円。ユースホステルの宿泊代金は一泊二食で五〇〇〇円。もっともこれはわたしたちの貧乏旅行代金である。

今回の周遊券は東京に住んでいる千恵美が旅行会社に行き、手配してくれていた。

「近くに旅行会社があるから申し込んでおくね」

と言ってくれたので、すべてお願いしてしまった。丸投げといっていい。

そういうわけで旅行当日の今日、約束した場所で千恵美と会うのは高校を卒業して以来である。久しぶりに会うのでお互いに分かるかなと心配したが、そこは幼なじみ、間違えようがなかった。

「久しぶり」

「二年ぶりかな。チエミ綺麗になったね」

「そう……?」

「うん、都会の人になったよ」

「あんまり変わらないと思うけど」

二年ぶりに挨拶を交わした千恵美はどこか垢抜けていた。東京がそうさせたのか、男がそうさせたのか、女っぽくなっていた。私は相変わらずの格好で、成長しない自分が幼く思えて少しだけ距離を感じた。

夏休みを利用しての北海道旅行は、この頃若者の間でブームになっていた。私もその波に乗り、千恵美を誘った。後で知ったのだが、千恵美は結婚を考えていて、どうすべきか自分の気持ちを確かめたり考えを整理したりする旅行であったらしい。

私たちは、二〇時三五分発の夜行列車に乗った。

当時「かに族」と呼ばれていた大きなリュックを背負ったスタイル。リュックの両脇にポケットがあって、後ろから見るとまさしく蟹。私も千恵美もその格好であった。


上野発の夜行列車降りたときから　青森駅は雪の中

石川さゆりの「津軽海峡冬景色」がヒットしたのはそれから大分たった頃だと思うが、この歌を聴くと当時の夜行列車の旅が思い出されて懐かしくなる。

列車の中は夜中だというのに多くの人で混み合っていた。誰もが落ち着かない様子で、ざわざわと囁く声があちこちから聞こえてくる。これから半日近い長い列車の旅が始まろうとしているのだ。車内は慌ただしい雰囲気に包まれていた。

出発時刻よりかなり早い一九時に待ち合わせたのは、久しぶりに会うということもあったが座席を確保するためにホームに並んで列車を待つことにしていたからだ。短かった列が時間と共にだんだん長くなり、出発間際になるとホームは人で溢れていた。

「早く並んでいてよかったね」

顔を見合わせて二人して言った。席が取れたのだ。取れない人は通路を歩きながら座るところを探している。そして仕方なく通路に座り込む人や新聞紙を敷いてデッキに寝そべる人などで車内は満員となっていた。今のように指定席があるわけではないので、どんなところに座ってもいいのだが、ここで一晩過ごすにはやはり、座席が一番楽である。旅立ちの準備で忙しい車内は雑然として落ち着かなかったが、これから二人の北海道の旅が始まるかと思うと私も千恵美も少し興奮気味で旅への期待に胸を弾ませていた。

と、発車のベルが鳴り響く中、ゆっくりと列車が動き出した。私には馴染みの薄い東京の街の灯が暗闇の中に現れた。闇に映し出されたビル群が列車のスピードが上がるに連れて波のように流れていき、一筋の光となった。車内アナウンスが長旅を共にしてくれるというように、青森までの主要駅の到着時刻を何回も繰り返し伝えていた。しばらくの間、みなさんさようなら！　行ってきます。

七月三〇日……家族のこと

午前一時四五分。いつもならぐっすり寝ている時間である。しかし、二、三〇分しか寝ていないのに頭が冴えきって眠れない。昨日地元で見送ってくれた短大の友人や、餞別をくれたバイトの仲間。「気をつけてね」と送り出してくれた家族等の顔が妙に懐かしく思い出される。眠い目で見回すと列車の中は知らない人達ばかりで、外は灯りひとつない真っ暗闇だ。その中をゴーゴーと音を立てながら列車は全速力で走っている。ここはどこなのだろう。何も見えない暗闇の中であった。

四時三〇分。いつの間に寝てしまったのだろうか、目が覚めたら朝霧の中を列車は走っていた。田んぼの緑がどこまでも続いている。ここはどこだろう、北上川と印すものが見えた。ああ、かの北上川か。あいにく雄大な大河の流れは朝霧の中に隠れてしまっていた。

「おはようございます」

「おはようございます」

上野駅から同席したご夫婦も目覚めていた。五〇歳前後に見える。人の良さそうな優しい顔をしている。私の両親にどこか似ている気がした。

*

私の両親は正直で、うそなどつけない質である。「いい人」と周りの人はいうが、人が良すぎていつも損ばかりしていた。人に頼まれると断れずに苦労している姿を何度か見たことがある。娘の私から見ても、そんなに周りに気を遣わなくてもいいのにと思えるほどであった。

父は農家の六人兄弟の長男として生まれた。尋常高等小学校を卒業すると、近くに働きに出て、数年後家に戻り、以来跡取りとして一家を支えてきた。

母は家から歩いて三〇分ほどの距離にある隣町から嫁いできた。母の実家に行くことがあるが、その途中に大木の生い茂った雑木林がある。昼間でも薄暗くうっそうとした林の中の道。私はそこを通るのが嫌だった。小学校高学年になるとお祭りの日にお赤飯を届けに母の実家に自転車で行くのだが、林の道はいつも苦手だった。早く通り過ぎようとサドルから腰を浮かしてペダルを夢中でこいだものだ。

母は七人兄弟の長女に生まれた。母の家も父と同じ農家であったが養蚕が中心であった。中二階がお蚕の部屋になっていて覗くと白い蚕が桑の葉をムシャムシャ食べている。気味悪いと思った。二四歳で父とお見合い結婚をする。母は一つ年上を気にしていたらしく私に、

「年上と言っても何カ月かだよ」

と言ったことがある。一つ年上の女房は金の草鞋を履いてでも探せ、というほどなのにねえ。

嫁いでからは父の兄弟と舅、姑に仕え、食事の支度、洗濯、農家の仕事をこなしながら、二人の子どもを育て上げた。晩年父は母にとても優しくなり、体を悪くした母を一生懸命に看病していた。若い時は威張っていた父がこんなにも妻をいたわり大事にするなんて。

「母ちゃんを大事にしているね」

と、言ったら、

「ユキは若い時に働きすぎて体を悪くしたんだ。働かせすぎたからなあ」

そう話してくれた。

そんな父だって親や兄弟を守るために人一倍働いたではないか。戦争でボルネオまで行っている。背中にある傷跡は、戦争で負傷した時のものだと祖母が話してくれた。晩年は「ボルネオ会」というボルネオに戦争に行った人たちの集まりに参加して年一回の旅行を楽しみにしていた。温泉に浸かりながら、戦争の思い出話をしていたのだろうか。近況を報告し合っていたのだろうか。しかし父は、

「海外旅行は行きたくない」

と言った。

「ボルネオに行ったしなあ」

戦地の話は私には一度もしなかった。


私も思い出した。田や畑仕事の手伝い、お風呂沸かしにお風呂の水汲み。よく手伝いをしたなあ、文句も言わずに手伝った。だけど、それが当たり前の時代だった。嫌だとも不公平とも思わないくらい、どの子もみんな当然のように家の手伝いをしていた。手伝いが終わるとみんなで遊んだ。かんけり・鬼ごっこ・かくれんぼ。道端で、庭で、空き地で。

乳母車に乗った子やよちよち歩きの下の子を連れて来て、みんなで面倒を見ながら遊んでいた。

ある日のこと、何人かで木登りをした。近所にある大きな高い木だった。順番に登っていくのだが、初めに六年生の男の子が登った。子どもだから上へ上へと登っていく。てっぺん近くだ。眺めがいいらしく、

「おーい。来いよ」

とその子が叫んだ。男女や学年や年齢の区別なく、みんな一緒に遊んでいた時代。男勝りと思っていたので私の番が来ると躊躇なく登っていった。登るのは平気だった。だが頂上近くで下を見たら足がすくんでしまった。どうしても下りることができない。

「下りられないよ」

泣き声だった。近所の人が声を聞きつけて助けに来てくれた。下から声をかけてもらいながら一歩一歩やっとの思いで下りてきた。もう少しのところに来て安心と思った時、

「気をつけろ」

と、声をかけられた。安心した時が危ないのだとその時知った。そんな子ども時代が思い出された。

私が四〇歳の頃、カンボジアを旅行したことがある。その時のカンボジアの子どもたちがあの当時の私と重なって見えた。大勢の子どもたちが貧しい生活の中で一生懸命に働いている。泥だらけになって働いていた。

遺跡見学の途中、砂埃の舞う道の傍らに一つや二つではない数多くの蟻塚がムクッと立ち並んでいた。蟻塚ってこんなに大きいのかとびっくりしていたら、貧弱な高床式の家が点在する村に入った。家の周りでは子どもたちが何かをしている。何だろう。家の中に何かを運んでいるように見えた。その光景をバスの中から何気なく見ていたら、三〇年前の自分と重なって見えた。

昼間は観光客のそばに来て土産物を売るのだが、とても人懐こかった。その女の子はカンボジアの本を売っていた。興味のない私は買おうとしなかったが、その子はいろいろな物を次々に出してあれこれ説明する。

「買わないから他で売ってきて」

と言っても隣の岩に腰掛けて、いつまでも話し続けていた。アンコールワットに夕日が沈むまで一緒にいた。当時は「本なんて」と思ったが、今になってみると本の一冊も買っ

てやればよかったなと後悔している。男の子は胸まで水に浸かりながらアンコールワットの堀の掃除をしていた。ガイドさんが、

「世界遺産になって、この国の人の仕事が増えました」

と、喜んでいた。貧しい時代の子どもたちは国を問わず、みんなよく働いて家を支えている。我が家の三人の子どもに見せてやりたい。

七月三〇日……家族のこと

私は両親と夫、二人の息子と娘一人の七人家族。私が仕事をしていたので、私の両親が孫を育ててくれた。

三人とも同じ近所の幼稚園に通う。長男の時は幼稚園で何をしてきたのかさっぱり分からなかった。聞いても話さなかったからだ。次男の時は少し分かってきた。幼稚園であったことを切れ切れに話してくれたのだ。三人目の長女の時初めて幼稚園でやっていることが分かった。出来事を全部話してくれたからだ。三人とも担任が同じだったので途中から先生に、

「家もよく分かっているので家庭訪問はしなくていいですね」

と言われてほっとしたのを覚えている。家庭訪問の日は何かと忙しい。

上二人は参観日に祖父が行っても何も言わなかったが、一番下の娘は、

「おじいちゃんなら来なくていいよ」

と不満を言った。

「おじいちゃんじゃダメなの」

「うん。いやだ」

幼稚園の参観日は親子一緒の下校なので、仕方なく仕事を休んで行くようにした。孫の面倒をよく見てくれている祖父母だったが、女の子にとって若いお母さんの中に一人だけおじいちゃんがいるのが嫌だったのかもしれない。だが近所では面倒見のいいおじいちゃんで評判であった。

「三人を連れて近所に買い物に行っていたよ。よくやっているね」と。

私が安心して仕事ができたのは祖父母のおかげである。

長男は四年生の時、地域の学童野球に入った。初めての夏、公園での練習を見に行くと息子の姿がどこにも見えない。不思議に思い、あちこち捜したら、

「あそこで休んでいますよ」

と練習を見に来ていたお母さんに教えられた。息子は木の下で横になり、うちわで扇い

でもらっていた。暑さに負けたようだ。しかし、翌年からは暑さに慣れたのか真夏でも倒れることはなかった。

六年生の時、息子の所属するチームは地区の代表で県大会に出場した。県大会は県営球場で試合をするので小学生の甲子園といわれている。一、二試合と順調に勝っていった。三試合目、三回裏の攻撃、一、二塁にランナーを置いて息子に打順が回ってきた。息子がバッターボックスに立った。私も夫もドキドキし祈った。

「頑張れ、負けるな、球をよく見て」

ボール、ストライク、ボール。次の時バットが球を捉えた。一、二塁間をゴロが抜けていく。ヒットだ。二人が生還し息子は二塁にいた。生まれて初めての二塁打である。

「走れ、走れ」

私は声を振り絞って応援した。

長女は四歳からピアノを習い始めた。近所にピアノ教室があり、「おじいちゃんの送り迎えでもいいですよ」と先生が言ってくれたからだ。長女は三人目なので覚えも早く、先生の話を聞いて練習し、私に伝えていた。習い始めて二年がたった頃、三つ上の次男と二人でピアノを練習するようになった。次男はわりと丁寧で一生懸命に物事をやり遂げる質だった。ピアノも妹が弾くのを見様見真似で練習し弾いていた。五月一一日は私の誕生日。二人がピアノのある部屋に招待してくれた、

「お母さんの誕生日なので、これからピアノ発表会を始めます。気をつけ、礼」

「かえるの合唱」「きらきら星」「河は呼んでいる」「小さなワルツ」「メヌエット」を代わる代わる弾き、歌ってくれた。私のためのコンサート、嬉しかった。


現在、長男は遠方に居を構えて親子四人、仲良く暮らしている。時々送られてくる写真が楽しみである。次男は我が家の近くに家を建て、九月に生まれた次男と二歳半の長男の子育てに勤しんでいる。長女は一人、都会暮らしを満喫している。

それぞれに生活の場は違っているが、いつまでも幸せであってほしいと願っている。

*

上野から同席したご夫婦は、東京に住んでいる娘さんを訪ねた帰りだそうだ。この列車

で北海道の自分の家に帰るという。私たちとは反対である。

「よく眠れましたか」

「あんまり眠れませんでしたね。椅子も硬いし、狭いしねえ」

「そうですね。私も同じです」

「でも、もう少しで青森ですね」

青森駅までもう少しのところへ来ていた。車掌が青函連絡線に乗るための記入用紙を配っていたので私たちももらった。

九時ちょうどに、列車は青森駅に到着する。

プラットホームに列車が止まると、私たちは大勢の人の流れに沿って桟橋へ向かう長い階段を上っていった。

九時四五分発の連絡船に乗船する。

「いよいよ北海道だね」

「うん。どんなところだろう、楽しみだね」

「そうだね。いろいろ見て来よう」

銅鑼《どら》が鳴り、「蛍の光」が流れ出した。私たちはデッキに立って、離れ行く本土を見ていた。見送りも知り合いもいない私たちには、船と人を繋ぐテープはなかった。それでも幾重にも重なったテープが海に落ちていくさまは旅情をかき立てた。「蛍の光」が寂しさを募らせた。本当に千恵美と二人きりになってしまうような連絡線の出港だった。

夏海峡離れ行く波本州隔つ
本州は果て無き夏の彼方かな
北の果て連絡船の波涼し海に願った旅の安全

津軽海峡を連絡船で渡り、そのしぶきも遠のいた今、列車の中は千恵美と二人だけになっていた。上野から同席したご夫婦は函館で降りた。今頃は自宅に着いてほっとしながらお茶でも飲んでいるのかな、などと考えていた。
函館本線から同席した若い男性二人は大沼で降りていた。

「ここ、空いていますか?」
ご夫婦と別かれて長万部行きの列車に乗っていたら、私たちと同じような格好をした若い二人連れの旅行者が声をかけてきた。私たちより少し年上に見えた。

「はい、空いています」

「すいません、よろしいですか」

「はい」

「俺たちはこれから大沼に行きます。あなたたちは？」

「私たちは登別です」

「登別ですか？　遠いですね」

「はい、遠そうです」

そんなことを話しながら旅の気分を味わっていた。そして、

「写真を撮りませんか？」

と、言って突然カメラを取り出した。その男性は列車の窓から太平洋に向かって髭面の顔を突き出した。

「剽軽《ひょうきん》な人」

私は、笑いながらカメラのシャッターを押した。画面の半分が髭面の顔、半分が太平洋というワイルドな写真であった。

列車は大沼駅に到着する。数人の乗客がいるだけの小さな駅だった。発車まで少し時間があるので四人で写真を撮ることにした。機関車の後尾を背にして前に私と千恵美が片膝を立てて並び、後ろに男性二人が立っている。遠くに木造の簡素な駅舎が見える白黒の写真が北海道らしさを醸し出していた。

《大沼は女性的なやさしさを見せる湖面と鋭く尖った峰の対照が印象的である。》とガイドブックに書いてあった。

今日、彼らは大沼湖畔にテントを張り、一泊するという。今頃はそんな景色を眺めながらテント張りをしているのだろうか。それもいいな、などと思ったりもした。国縫《くんぬい》を通過した時分になると二人だけの寂しさを感じるようになっていた。車内は大沼までの賑やかさがなくなり、ガランとしている。日頃見慣れている風景とは違う景色がそこにあった。北の果ての未知の世界に来てしまったような思いが心を満たし始めていた。

長万部《おしゃまんべ》で室蘭本線に乗り換える。北海道屈指の温泉地、登別温泉《のぼりべつ》が今日の宿である。登別温泉は海抜二〇〇メートルの地にあり、四方を山に囲まれているので夏は涼しく、冬は比較的暖かいとある。

一四時、登別に到着。昨夜から一日半の長旅であった。

「やっと着いたね」

「うん、ここまで遠かったね」

「疲れたよ」

この日は観音寺ユースホステルに泊まった。

七月三一日……登別

万緑や地獄の谷の赤き肌
四方嶺の夏霧深し登別友と歩みてしばし語らう

朝一人、四方嶺《しほうれい》ロープウエーに乗る。千恵美は東京の彼氏に電話すると言う。電話の後、温泉街をぶらぶら散歩すると言うので別行動となった。意外にも、それが私の旅情をかき立てた。ロープウエーにひとり揺られていると、不思議に大自然に抱かれているという安らぎを感じた。

四方嶺（五四五メートル）は登別温泉の東南にそびえ、温泉街からはロープウエーで行ける。このロープウエーは全長一二三七メートル、八人乗りのゴンドラで山頂までは一〇分ほどである。早朝から眼下を覆っていた朝霧が晴れてきた。木や草や花々が瑞々しく現れ、遠くまで広がる深い緑の山々がはっきりと見えてきた。あまりの清々しさに私は大きく息を吸った。下の方に昨日泊まった登別温泉が小さく見えた。さっき行ったばかりの地獄谷も見える。しかし、あの荒廃した赤い岩肌は見えない。見えるのは緑ばかりである。

地獄谷は湯ノ川の上流にある噴火口の跡だという。ここを観光しなくては登別に来た意味がない。宿から気軽に歩いていけるというので、私はまず地獄谷に行った。数十メートルの赤岩の絶壁を巡らせた渓谷が地獄谷だそうだ。その地獄谷に立った時、思わず足がすくんだ。熱泉の沸騰がものすごい渦を巻き、ガスがあちこちに立ち込めている。目が痛い。口を塞がなければ。それでも来たからにはと思い、地獄谷の遊歩道をひとり歩いて一周した。

ゴンドラから降りると、山頂に熊牧場があった。この熊牧場は北海道ならではの造りになっている。ヒグマが七〇頭放し飼いにされているのだ。檻の中に一頭か二頭いる動物園の熊なら見たことはあるが、柵があるとはいえ七〇頭の熊が自由に歩いているのには驚いた。

椋鳩十の『母グマ子グマ』を思い出した。日本アルプスの麓の大きな林の中に住んでいる親子の熊の話である。私はこの話が好きで、地域の朗読会で読んだことがある。誰よりも賢く誰よりも強く、人に負けない愛情で力の限りに戦い、狩人や猟犬から子どもを守りきった傷だらけの母熊。そんな強く恐ろしい熊を想像していたが、牧場にいるのは意外にのんびりしていて、愛嬌のある熊たちであった。広い柵の中を自由にゆっくりと動き回っている。自然の中ではなく、安全で空腹の心配ない環境にいるからだろうなどと勝手に想像した。

熊牧場を歩いていたら「ユーカラのチセ」という建物が見えた。「チセ」とはアイヌ語で「家」だそうだ。茅葺きの小さな家だった。家の周りを茅で囲っただけの簡単な造りである。入ってみたら中にアオペイと呼ばれる囲炉裏があった。囲炉裏を囲みながら生活に必要なものを作っていたという。囲炉裏を囲んだ生活。私は経験がないけれど、大勢の人たちが囲炉裏を囲んで仲良く暮らしていたのだろうな。記念にチセをバックに写真を撮った。

ロープウエーからの帰り道、神社が見えたので立ち寄った。湯沢神社とあった。よくまあ、こんな北のはずれまで来たものだと思いつつ、これからの旅の無事を祈った。少々疲れた。

蝶一羽湯沢神社に迷い来ん清水を飲みて飛び立ち去りし

八月一日……札幌

この日は登別から室蘭本線で苫小牧まで行き、そこから千歳線に乗り換えて札幌に行く予定である。この旅行計画は、初めから無理があった。旅行会社で周遊券を予約した時、

「この計画ではとても無理ですよ。その日の目的地まで着きません。宿泊は、予約をしないで着いたら見つけた方がいいですよ」

と、言われた。それが的中したようだ。ただただ目的地の札幌を目指した。

それでも札幌に着いたからには見学しようと、二人して市内を歩くことにした。駅からの市内散策コースに従った。駅前通りのメインストリートを抜けると、北海道大学付属植物園が見えてきた。原始林に覆われた広大な土地に、世界の植物四五〇〇種が植えられているそうだ。北大か……と、行ってみたかったが時間がない。残念、遠目に眺めながら北海道庁まで行く。碁盤の目の大通りは真っすぐに長く広かった。

北海道庁は、明治二一年に建てられたアメリカ風ネオ・バロック様式の赤レンガ造りの建物で、国指定の重要文化財だそうだ。背後に一一階建ての新庁舎があり、伝統を残した赤レンガ造りの建物と近代的なビルの両方がそびえている。私はクラシックな庁舎の方が、趣を感じて好きである。

そして、有名な大通り公園、テレビ塔、時計台。時計台は、見逃してしまいそうになるほど目立たなかった。アカシアの緑や、グリーンベルトに咲くたくさんの花々が街中に甘い香りを漂わせていた。わずかな時間であったが、札幌の空気はさわやかで、私に北の地方の夏を知らせてくれた。札幌は活気に満ち、かつ落ち着きのある大きな街であった。

夜、千恵美が彼、信ちゃんに電話する。たくさんの一〇〇円玉が電話機の中に吸い込まれていった。札幌、東京間は遠いのである。

「今、札幌です。とてもいい所だけどあなたがいないので少し寂しいです」

「東京は変わりありませんか。早く帰ろうと思っています」

「今、とても会いたいです」

電話口からそんな会話が聞こえてきた。

数年離れていただけなのに、千恵美のそんな気持ちなど私は少しも気づかなかった。それは私が知っている異性への憧れや淡い思いではなく、一人の男性を愛する一人の女性の姿であった。かわいい千恵美の姿であった。

八月二日……旭川

八時五分、旭川に向けて札幌を出発する。八時半発の急行に乗り、約二時間で到着の予定である。しかし、どこかで事故が起きたらしい。今日の目的地である勇駒別《ゆこまんべつ》温泉にはかなり遅れて到着するという。しかも雨まで降ってきた。気持ちが暗くなる。
まもなく九時二〇分。雨にけむる滝川駅を通過する。小さな駅舎がホームの向こうにぽつんと見えた。人のいないさみしそうな駅である。列車の中も乗客が少なく閑散としている。雨のしずくが静かに窓を濡らしていた。

緑雨降る　滝川の駅　通過せり

よく雨が降るなあ。列車の中から見る雨は私の心をせつなくさせた。もう少しで旭川に着きそうだ。

旭川駅からバスに乗り換えて一時間四〇分ほどで勇駒別温泉に着いた。三時間遅れである。

旭川を出た時に少し雨が降っていたが、その後大雨になったらしい。食堂でお昼を食べていると、テレビに水浸しになった旭川市が映し出されていた。驚きながら、二人して天井近くにあるテレビを見つめた。昼前は旭川にいたのだ。

「ああ、よかったねえ」

思わず呟く。

「あんな大雨じゃあ、どこにも行けないものね」

「そうだね。運が良かったのかな」

幸い勇駒別温泉は小雨程度であった。

勇駒別温泉は天人峡《てんにんきょう》温泉と並ぶ旭岳西山麓の温泉で、海抜は一〇五〇メートル。旭岳への登山基地としてできたもので、旅館が数軒ある程度の静かなところだった。

「木の間越しに見える旭岳は他のどこよりも美しい」と、ガイドブックに書いてあった。旅館までの道すがら見えるといいなあ、などと思っていたが、あいにくの雨で旭岳は見えなかった。この日は白樺荘に泊まる。玄関の柱が白樺でできている小さな旅館だった。

眠りゆく蝦夷の木立に夏時雨
夏霞原生林を包み込む
白樺の原生林は雨の中　夏鳥の声遠く聞こゆる

明日は阿寒湖まで行く予定である。行けるだろうか不安である。今、石北本線は不通だという。しかし天気予報によると明日は低気圧が去りつつあるとか、少しだけ希望がもてる。無理な計画と予想せぬ大雨に、札幌も勇駒別温泉も計画はくるってばかりである。

札幌から旭川までの列車の中は少しだけ華やいでいた。たまたま隣り合わせた男性二人は、東京の電機大学の学生だという。夏休みを利用しての旅行だと話してくれた。同じ旅行者という仲間意識から話が弾んで、千恵美と二人だけの寂しい車内が明るく楽しいものになっていた。ただ隣り合わせただけの名前も住所も知らない者同士だが、北海道を旅するという共通点が親しみを深めさせていた。

「僕たちは北大のポプラ並木に行って来ました」

「そうですか。ポプラ並木行きたかったです。でも時間がなかったので市内を散策してきました」

「市内は見所がたくさんありましたね」

「そうそう、札幌ラーメンおいしかったですよ」

「食べたかったなあ。残念、そこもパスしました」

たわいない話である。しかし話すだけで楽しかった。あのまま別れるのは名残惜しい気がしたが、駅に着いたら「さよなら」の数時間の友である。

井伏鱒二が詠っていたな。

コノサカヅキヲ受ケテクレ
ドウゾナミナミツガシテオクレ
ハナニアラシノタトヘモアルゾ
「サヨナラ」ダケガ人生ダ

胸がぎゅっとなった。

八月二日……旭川

夕飯を食べていたら、昨日、千恵美が信ちゃんに電話していたのを思い出した。考えてもいなかったけれど私も急に電話がしたくなった。ホームシックになったのだろうか？　いいや違う。千恵美とのかみ合わぬ会話にイライラが募っていた。旅行よりも彼を思う千恵美に苛立っていた。嫉妬《しっと》していたのかもしれない。

誰に電話しようかなと考えた。幼なじみで気心の知れた友人横道さんの顔が浮かんだが、いるだろうかと少し不安である。思い切ってフロントに行き、電話をかけた。あれもこれも話そうと思ったけれど、なぜだかあまり話せなかった。一〇〇円玉が無情に落ちていく。

「どうしたの？」

「明日大阪万博へ行くから今準備をしているところだよ」

「お土産買ってくるからね」

優しい声だった。懐かしい声だった。

「雨ばっかりでどうしようもないの。明日阿寒に行けそうもないみたい。こんな遅くにごめんね」

夜遅い電話に驚いただろうなぁ。しかし私は横道さんの声を聞いて、話したことで心が落ち着き、温もってきた。電話してよかった、と心から思った。明日からの力が湧いてきたから。明日から、どうにか最後まで行けそうになったから。

朝起きると幸い雨は上がっていた。私はひとりで散歩に出かける。雨上がりの山はさわやかな空気に包まれていて、誰もいない山道をひとり歩いた。清々しい気分だ。不思議に怖くはなかった。

万緑の蝦夷の山並みひとり行く

八月二日……旭川

八月三日……美幌

昨日、旭川は集中豪雨であったらしい。そのため、予定していた石北本線は不通となり、列車は名寄経由になるとアナウンスがあった。随分遠回りである。興部《おこっぺ》・紋別《もんべつ》・湧別《ゆうべつ》と思いがけず、オホーツクの海岸線を走る列車に揺られていた。まさかオホーツク海を見られるとは、予定していなかっただけに雨に感謝かなと思った。今、オホーツクを走っていると初めは興奮したが、台風の後のオホーツク海は、真夏とは思えぬほど寒々しかった。灰色一色の空から大粒の雨が海へ落ちていく。荒波が岩を砕くだけの暗い海。列車の中からそんな風景を見ていたら冷たい雨が窓に打ち付けてきた。これが北国の真夏の海なのか、まるで真冬のようだ。北海道の厳しい自然を垣間見た。

野分来て灰色の海やオホーツク

数十年後、夫と知床を訪れた時のことである。現地のバスガイドさんが戸川幸夫の『オホーツクの老人』を朗読してくれた。その穏やかな語り口は、北海道で生まれ育った人らしい地元愛に溢れたものだった。バスの中はシーンとなり、話に聴き入っている。終わり近くになると多くの人の目から涙がこぼれていた。もちろん私もその一人である。

そのガイドさんは初めに森繁久弥の主演の映画、「地の涯に生きるもの」のロケの話を紹介してくれた。現地の人と深く関わり、親交を深めた森繁。そのロケの後、酒を酌み交わしながら労をねぎらい、楽しく語り合っていたという。今でも歌われている「知床旅情」はその時できたことなど淡々と話していた。

そして、

「長い話なので失礼します」

と、自分の椅子に座って読み始めた数十分。厳しい真冬のオホーツク。その地で番屋の留守番をする一人の老人の話であった。その老人の凄まじい生涯が哀れで悲しかった。小説であっても事実も反映されていると思える、あまりに厳しく過酷な自然とそこで生活する人々。自然と共に生き、死んでいった老人に人間本来の生き様を見た気がした。

列車の中、時間はたっぷりあるので、これからの行程を相談した。

「これからの計画だけどどうする?」

「私は早く東京へ帰りたいな」

「えーなんで。せっかく北海道まで来たのに」

「だけど帰りたいの」

ぎくしゃくしたまま列車に揺られていた。若い二人、意見が食い違うのは当たり前かもしれない。別の高校だったので中学以来、年に二、三回会うくらいで全く違う生活をしてきた二人である。私は働く学生。千恵美は東京で彼が待っている。

美幌駅には予定より三時間遅れで到着する。夕方五時過ぎになっていた。夏なので明るかったが今日の宿泊先が決まっていない。まず今晩の宿を決めなければと駅前にある旅館案内所へ行く。そこに行くと若い男性二人が先に来ていた。後に自己紹介をした時に知ったのだが一人は山本さん、二一歳。もう一人の大木さんも二一歳だった。私たちより一つ上である。

同じ旅館を紹介された。

「こんにちは」

「こんにちは」

「よろしくお願いします」

「こちらこそよろしくお願いします」

「どちらから来たのですか」

「私たちは東京からです」

「僕たちは山梨です」

紹介された旅館は客があまりいなかったのか、隣同士の部屋に案内された。

「夕食、四人で食べますか」

「はい、そうしてください。お願いします」

何を食べたのかあまり思い出せない。小さな旅館なので、たいしたものは出なかったと思う。ご飯と味噌汁、刺身が少しと魚の煮付けがあったような気がする。

食事をしながらこんな話をした。

「私は定時制の短大生です。昼間は医院で受付の仕事をしています」

「そうですか。頑張っていますね」

「そうでもないです。勉強は苦手です。教室より部室にいる方が多いです」

「何の部活ですか?」

「文芸部です。高校も文芸部でした。みんなで萩原朔太郎の詩の拓本を取りに前橋の敷島公園に行ってきました。バラが咲いていて綺麗でしたよ。横浜の山下公園にも行きました。赤い靴の女の子の像を見てきました」

「山本さんたちは?」

「僕たちは野球部です。弱いですけど」

「山本さん、全日制の学生から見て定時制の学生をどう思いますか」

機会があれば誰かに聞いてみたかった。私は全日制に対して幾分の引け目を感じていたのである。

「僕は夜間の学生は、真剣で、しかも社会を知っているから好きです」

そう言ってくれたのだ。思いも寄らない答えで、お世辞でも嬉しくなった。都会的センス溢れる素敵な山梨の人。

「トランプをしませんか?」

「賛成です。借りてきますね」

トランプをフロントから借りてくる。ばば抜き、七並べ。簡単なゲームだが、やっていると真剣になる。負けると罰ゲームで歌を歌った。それから重ねしっぺをした。勝った順に手を重ねていく。一番負けた人は一番上、一番勝った人は、下に置いた手をさっと抜いてバシッと叩く。誰かに当たればスカッとし、空振りだと悔しい。笑い声が楽しく響いた。

山本さんが、

「僕は『浜辺の歌』が好きだな」

と言ったので、四人で歌う。

明日浜辺をさまよえば　昔のことぞしのばるる
風の音よ雲のさまよ　寄する波も貝の色も

夜が更けるのも忘れておしゃべりをした。「今夜だけ」の思いが心の中にあったのかもしれない。明日は別々のところに旅立っていく今宵限りの語らい人。一期一会とはこのことかな。なぜだか今までのユースホステルと違った、ゆったりと伸び伸びした時間が流れていた。忘れられない数時間、こんなにも心弾んだことはない。

八月四日……湖巡り

出発の時間だ。一階へ下りていくと、ちょうど山本さんがいたので昨日借りた時刻表を返した。

「ありがとうございました。参考になりました」

万感の思いを込めて言った私の言葉は、山本さんにどう伝わっただろうか。

いよいよお別れである。五、六分、いいや一〇分くらい話しただろうか。どんなことを話したか思い出せない。きっと今日のそれぞれの予定を話したのだろう。そして玄関前で記念写真を撮った。

「写真を送りたいのだけれど住所を」

もう会えないことは分かっているが、その言葉がまだ繋がりを残しているように思えた。

私は一枚の絵はがきを渡して別れた。

さようなら！　愛しの美幌よ。
さようなら！　ひとときの思い出残す旅館よ。
さようなら！　もう来ることはないこの地よ……。

今は誰とも話したくない。昨日からの思い出を胸にしまって黙していたいと思った。これから行く摩周湖がどんなに晴れていても、どんなに神秘に美しく輝いていても、この時の輝きに勝るものはないだろう。

今日逢いて　明日別れ行く　旅人のさびしき心　誰を見つめん
荒波や　台風の後のオホーツク　去り行く今は　名残尽きなし
北の果て　美幌の一夜過ぎ行けり　送れる君は　いずこへの旅
旅の宿　団らんの時恵まれし　弾める声も　君おればこそ
偶然の　出会いの後の夕食時　無事祈りつつ　グラス合わせぬ
海の歌　好きだと言える人ありし　合わせた声も　今は思い出

八月四日……湖巡り

別れ行く時は迫りし　熱き胸　名残尽きなくカメラ構えぬ
函館の夜景を映す波の影　心空しく旅の人待つ

今日は、美幌から屈斜路湖・摩周湖を経由して阿寒湖までのコース。泊まりは最終の阿寒湖である。今までは鉄道の旅だったが今回初めて観光バスでの旅となった。ガイドさん一人、乗客二七人の乗り合いバスで、「阿寒パノラマコース開通記念」と記されていた。美幌を出発して四〇分ほどしたら峠の登りにかかった。美幌峠は標高五二五メートルの地点にあり、展望台からは原生林の濃い緑と静かに横たわった雄大な屈斜路湖が見えた。バスが何分か停車してくれたので、アイヌの人々と一緒に記念写真を撮る。千恵美と私が真ん中に座り、両隣に民族衣装を着たおじいさんとおばあさん。おじいさんは白い髭を生やし、手には弓のようなものを持っていた。後ろに若夫婦と子どもが並び総勢七人の大家族。横には熊二頭の剥製、前の方にお祓いの大麻が置いてある。なんと豪華なサービスだろう。その真下には静かな屈斜路湖と中之島。北海道の雄大さと素朴さを感じさせる写真である。

屈斜路湖は、北海道でサロマ湖に次ぐ大きさの日本最大のカルデラ湖。湖の広さは七六平方キロ、周囲五六キロ、水深は最も深いところで一二五メートル。

　その屈斜路湖にバスは停車した。大きな静かな湖だった。青い水を満々と湛えている。さざなみが湖を穏やかに揺らしていた。千恵美と私は屈斜路湖と書かれている二人の背よりもはるかに大きい案内板をバックに写真を撮った。千恵美は最新のカメラでカラー写真、私は以前に地元で買ったカメラでモノクロ写真、お互いに何枚も撮り合った。どんなふうに撮れているかな、楽しみである。

　帰ってから現像すると、それぞれにいい味わいに写っていた。千恵美が帰省した時、写真を見ては二人して懐かしんでいた。


　桟橋を二人して渡る。

「風が気持ちいいなあ」

　湖の中に立っているような気分だった。

　それからガイドさんに案内されて湖畔の砂湯に行く。ここは、砂地のどこを掘っても湯がにじみ出るとある。湖畔一帯がそのまま露天の砂風呂になっているのだ。湖は波が穏やかなので、それぞれが気に入った場所を見つけては手を入れて砂湯に浸かっていた。

「あったかいなあ、気持ちいい」

ほんわかしてきた。湖が温かいなんて不思議である。

バスに乗り、しばらく行くと硫黄山が見え始めた。海抜五一〇メートルの円頂丘火山で山全体が瑠璃質輝石、石英安山岩の溶岩からなっている。ここはエゾイソツツジと呼ばれる白ツツジが山麓一帯に自生している。その中に点在する白樺林。二つのコントラストが美しいので有名だそうだ。あいにく白いツツジは咲いていなかったが、緑の中に点在する白樺林と大きく口を開けてそびえている硫黄山が私の目を奪った。硫黄山は活火山ということで、盛んに噴煙を上げている。

ここでもバスが止まってくれたので山の手前の柵近くまで行ってみた。千恵美と山に向かって歩き出すと大きく白い水蒸気がもうもうと立ち上っているのが見えた。白い噴煙が山全体に噴き上げ、辺りを覆い尽くしている。こんな荒々しい光景は今まで見たことがない。撮ったカラー写真を見ると白い煙以外は薄い黄土色に写っていた。

再びバスに乗り、川湯温泉を通過すると四〇分ほどで摩周湖第三展望台に着く。摩周湖は摩周岳の中腹にできた陥没カルデラで水面は海抜三五一メートルの高さにあり、周囲二四キロ、水深二一二メートル、支笏湖に次いで深い湖である。また、水の出入り口を一つも持たない不思議な湖といわれていて、日本で最も透明度の高い湖である。

第三展望台では二〇分の見学時間があった。

「えーたったの二〇分」

「もっと時間が欲しいよね。ゆっくり見たいのに」

「そうよねぇ」

などと不平を言っていた。けれど今までのぐずついた天気とは全く違う青空の中での二〇分だった。今回の旅行でこのような好天に恵まれたのは初めてである。嬉しくなり、展望台まで走った。私を待っていたかのように摩周湖はその神秘な姿を現してくれていた。何だか不思議である、霧の摩周湖と言われていて見えないことが多いというのに、こんなに素晴らしい摩周湖を見せてくれている。今までの雨天分を帳消しにしてくれたようだ。

下を覗くと吸い込まれそうな濃紺の水面が、深い緑の木々の間から見えた。太古のままの姿だった。小さな中島だけが湖の真ん中にぽつんと浮かんでいる。人を寄せ付けない幽《ゆう》邃《すい》な気高さを秘めて静かに佇む摩周湖。別格であった。

再びバスに乗り、一〇分ほどすると第一展望台に着く。第一展望台から見下ろす摩周湖は、木々の緑と湖の青をますます濃くしていた。その濃い青は人を拒んでいるかのように凛として深く輝いている。自然と一体になり、神ノ島（中之島）となった老婆をいたわり包んでいるからであろうか。アイヌにはたくさん伝説がある。摩周湖に伝わる中之島伝説もその一つ。集落同士の争いが起こり、そこから逃げた老婆と孫は道中ではぐれてしまう。悲嘆と疲労で動けなくなり、孫を待ち続けた老婆がとうとう島になったという伝説で、今でもこの島に人が行くと嬉し涙の雨や雪を降らせるという。せつなくて悲しい話だが、私に、はるか遠い昔を感じさせてくれた。

ひらひらと湖舞うや親子蝶
見渡せば深き緑に友の声摩周湖は今夏真っ盛り

弟子屈温泉を通り、阿寒湖まで行く。このコースは原始林の中を切り開いて造った横断道路。バスで約一時間半の道のりである。バスはエゾマツ、トドマツなどの針葉樹とナラ、イタヤなどの広葉樹がうっそうと茂る密林の中を進んでいった。途中展望所で休憩する。雄阿寒岳、雌阿寒岳が樹林の上の方に見えた。少し行った双湖台からは樹海の中に小さく青い美しい湖、ペンケトー（上の湖）が見える。ペンケトーの水はパンケトー（下の湖）

に流れ、阿寒湖に注いでいる。

阿寒湖に到着したのは夕方近くであった。

阿寒湖は周囲二六キロ、面積は約一三平方キロ、最深四五メートルの浅い湖だが、湖面の標高は四一九メートルもあるカルデラ湖。日本でただ一つ、マリモが生育している湖である。湖畔から遊覧船が出ていたが、乗って見学するだけの時間はないので桟橋を出て行く最終の船を遠くから眺めていた。夕暮れの湖もいいものだ。

この日はユースホステルを予約していたので宿の心配はなかった。夕方に着いたので先にユースホステルに行き、チェックインを済ませてから見物に出かけた。摩周湖と違って湖の周りにはたくさんのみやげもの店が並んでいる。瓶に入ったマリモ、鮭をくわえている木彫りの熊、北海道らしいアイヌの人形や飾り、華やいだ店の灯りに誘われてのんびり見ていたら湖に着く頃には辺りは薄暗くなっていた。明日早起きして来よう。

私は自分用にアイヌの人形のキーホルダーを買った。男の子と女の子が両面に彫ってあるかわいい人形に北海道らしさを感じ満足した。店主に「名前は?」と聞かれた。伝えると「トシエ」とカタカナで彫ってくれた。名前はサービスだそうだ。

「この木彫りの人形は使うほど艶が増してきますよ。長く使ってください」

と彫りながら話していた。その通りで、深い色合いも増し、艶の出たキーホルダーは今も私の車と一緒にあちこち走り回っている。

帰ろうとしたら、拡声器から「マリモの唄」が聞こえてきた。

水面をわたる風さみし　阿寒の山の湖に
浮かぶマリモよ何おもう　マリモよマリモ緑のマリモ

夕闇の中に聞こえた悲しい歌であった。

*

ガイドブックに阿寒湖はヒメマスの原産地とある。阿寒湖から支笏湖への移殖が日本最初で、その後各地の湖に移殖されていった。私の住まいに近い中禅寺湖もその一つで、一九〇六年に支笏湖から移殖されたと知り、縁を感じた。中禅寺湖のヒメマスは日光の名物料理だ。祖先は北海道と知ると、遠いような近いような懐かしさと親しみを覚えた。

家族で日光へたびたび旅行に出かけたが、ヒメマスの塩焼きを見かけると香ばしい匂いに誘われて食べていたものである。

日光は、関東地方の小・中学校の遠足や林間学校の行き先で馴染み深い場所である。中学校の遠足で菖蒲が浜から遊覧船に乗り、中禅寺湖を一周したことがある。湖の風を受けて友達と船の中を移動し、はしゃぎ回っては、「静かにしなさい」と先生に注意された。

異性を意識し、「あの子が好き」という気持ちが芽生えた頃である。私の初恋も中学校二年生の時であった。相手は同じクラスの子で、仲の良い友達みんなが知っていた。席替えは先生でなく生徒たちで決めていたので、何回も隣の席になり、照れていた私。その子は知っているのか知らないのかポーカーフェイスで、勉強ばかりしていた。船の中に好きな子を見つけると近くに行ってキャーキャーと囁き合う。私もその子のそばに行きたかったが、周りの友達とふざけ合っていたので遠くから見ていた。田舎の中学生の純朴でかわいい恋。思い返すと、そんな中学時代が一番楽しかった。心を痛めることが何もなかったあの頃。毎日が光り輝いていた。

八月五日……愛国駅

今日は阿寒発六時五〇分のバスで釧路に向かい、釧路から根室本線に乗り換える。そして八時五五分発の特急「おおとり」で帯広まで行く。そこから一〇時五八分発の広尾線に乗り換えて千恵美と「必ず行こうね」と約束した「愛国駅」に向かう。

その後、広尾線で帯広に戻り、定期観光バスで日高まで行く。日高から富内線に乗り換え、苫小牧に夕方到着予定。今日も長い行程である。

阿寒湖と釧路を結ぶ国道240号線は、「まりも国道」とも呼ばれている。なるほどぴったりな名前を付けたものだ。

旅行当時には整備されていて、所要時間は一時間四五分。

阿寒の原始林地帯を抜けると、美しい丹頂鶴の保護されている自然公園がある。釧路周辺の広々とした原野を抜けて釧路市街に至るこのコースは、昨日私たちが利用した美幌〜

阿寒湖のコースと結んでいて、最も人気の高いコースだという。

丹頂鶴自然公園では、餌付け時に丹頂鶴の優美な姿を見ることができるそうだ。あいにくバスの中からは丹頂鶴は見えなかったが、広大な釧路湿原を見ることができた。次の機会があればここを歩いてみたいなあと思った。丹頂鶴自然公園から四〇分ほどで道東の街、釧路に着いた。

石川啄木は釧路駅を次のように詠んでいる。

さいはての駅に下り立ち雪あかりさびしき町にあゆみ入りにき

「当時の釧路は魚の匂いのただよううらさみしい小さな港町にすぎなかった」と、解説本に記されていた。しかし私たちが行った時は大きな駅に変わっていて寂しい感じはなく、賑やかだったように思う。

しらじらと氷かがやき千鳥なく釧路の海の冬の月かな

釧路の海をこのように詠んでいた啄木。釧路駅の南方、米町公園にこの歌碑は建っている。一人でこの地に来た啄木のさみしさが伝わってくるようだ。

釧路では、乗り継ぎの時間が短いので真っすぐに駅に向かった。八時五五分発の特急「おおとり」に乗る。帯広まで約二時間。いつもは普通列車か急行なのに今日は特急である。少し贅沢した。一〇時四九分に帯広に着く。一〇時五十八分の広尾線に乗るのでここでも真っすぐにホームに向かう。

愛国駅は、この旅行において外せない目的地の一つ。「愛国~幸福」行きの切符を買うためである。当時、国鉄のコマーシャル「愛の国から幸福へ」のキャッチフレーズは全国放送され、話題をさらった。そして多くの人の心を捉え、切符を持っていると幸せがやってくる。そんな都市伝説が広まっていた。私も千恵美もその伝説を信じた一人だが……。

二〇分ぐらい乗っていると愛国駅に着いた。思ったより小さな駅だ。そこにたくさんの人が降りたので駅舎は人で溢れかえった。私たちだけでなく、皆幸せを求めているのだ。『幸せ』なんといい言葉だろう。混雑していたが、心配はなかった。「愛国~幸福」行きの切符はたくさん用意されていて並んで買うだけであった。なるほどうまくできているな。私は二枚買った。自分と、もう一枚。誰にあげようかな。二枚の切符を大事に財布にしまった。少し時間があったが行くところもないので駅舎で電車を待つことにした。

＊

誰にも渡さないままの切符はしばらくしてから小柴さんに渡した。

「これ幸福行きの切符、受け取って」

「いいのか？」

「うん」

今の私の姓である。大事に仕舞って置いて良かったなあ、小さな一枚の切符。

小柴さんとは同じ短大に通う同級生であったが学生時代は顔見知り程度でしかなかった。科も部活も違っていたのでたまにすれ違った時に短い挨拶を交わすくらいの遠い存在だった。卒業して一、二年経った頃、偶然友人宅で再会する。何人かいた友達の中に小柴さんもいた。小柴さんが私を見つけ、

「お、しばらく」

「しばらくぶりね。元気だった？」

「ああ。だけどここで会うなんてびっくりしたよ」

「私も驚いた。今日はどうしたの」

「みんなで餃子を食べた帰りに須田の家に行こうということになって来たんだよ」
一、二年会っていなかったのがうそのようにとても懐かしかった。短大時代には感じなかった親近感が湧いてくる。小柴さんと話していると、仕事に就いてからの緊張感が一気にほぐれていくのを感じた。仕事とは違う気軽な会話に心が和んだ。その時の仲間で会うことが多くなり、そんな時間が待ち遠しかった。
お互いを意識するようになったのはその頃かもしれない。軽井沢の別荘へ行く車の中で冗談を言い合いながら振り向くとそこに小柴さんがいた。キッチンでみんなと食事を作ったり洗い物をしたりしている時に小柴さんと手が触れ合った。テーブルを囲んでバーベキューのトウモロコシや肉を食べながら、お互いに顔を覗き込んで茶化し合っていた。そんな小柴さんの私を見つめる視線を感じながら私もその視線に応えていた。それからしばらくして、

「二人だけで会いたいなあ」

小柴さんの言葉が嬉しかった。ダンスの得意な彼と踊るたびに愛が深まった。

八月五日……愛国駅

君と共に心に決めし軽井沢唐松青く若葉輝く
車窓より沈む夕日を愛でし人黄色きシャツの香りすがしく
真白なる日光の峰晴れわたり仰ぎて我らスケートに興ず
君と歩む東照宮の石段に初雪しんと積もれる跡あり
君が背にわが髪に舞う桜にも会津の国の遅き春行く
居酒屋のカクテル残るカウンター君の右肩我を包みし
顔のぞきそのスカート素敵だね君の言葉に心弾みぬ
ほろ酔いて食事の後の散歩道ジャンケンポンで背負いあう夜
ミモザ咲く大木見つめ語らうは四十数年共に歩みしこれから先も

赤い糸

「俺の歯ブラシを使ったのは誰だ」

突然の怒鳴り声

私はうろたえた
今歯磨きが終わったばかり
辺りを見回す
使った歯ブラシがコップにある
「どうしよう」
「私のは？」
「あ、キッチンの上」
そのまま置いてあった

私は思わず言い放った
「私じゃないよ、私じゃない」
と、
誰も何も言わない沈黙の中

時間が過ぎていった

「もしかしたら」

私はこの人と結ばれるかもしれない

*

一二時四七分の列車で帯広に戻ったら一三時を少し過ぎていた。まず帯広駅前から日高スカイライン定期観光バスに乗り日高駅前まで行く。国道38号線を通り、十勝清水までは快適なハイウエー道路が造られていた。そこからは日勝道路を通って日高駅前まで行く。十勝清水町から日高山脈を横断して富内線の終点日高町へと至るこの「日勝道路」は、昭和四〇年に開通した全長五〇キロの道路である。「日勝」の名前は日高と十勝を結ぶところから付けられたもので、日高側に除雪ステーションが置かれてからは、冬も通れるようになったそうだ。また、日高峠へ向かう一帯は、天然記念物のエゾマツ、トドマツ、ダケカンバの原生林で、動物を含めた天然保護区域に指定されている。

発車からしばらくしてトンネルを抜けると第一展望台にバスが止まった。展望台からは、十勝の大平原や大雪連峰、北海道の山々が目の前に広がって見えた。雄大な眺めである。しかし、残念なことに寒くて長くはいられなかった。

「寒い、寒い。中に入ろう」

寒さしのぎに千恵美と売店の中に入った。売店と言っても小さな木造小屋である。驚いた、八月だというのに小屋の中には達磨ストーブが備えてあり、赤々と燃えている。それだけ寒いのだ。

「千恵美、ストーブがあるよ」

ぶるぶる震える手をストーブにかざした。外気で冷えきった体が少しずつあたたまって来た。中では店番らしい男性とバスの運転手が椅子にもたれながら話をしている。日高は深い山の中であった。

バスはその深い山の中の開拓地を通った。トウモロコシ畑だろうか。果てしなく広がる広大な土地にトウモロコシの細長い葉が風に揺れて踊っていた。その先には畑を守るように濃い緑の葉を茂らせた大木が一列に立ち並んでいる。遠くの小高い丘に赤いサイロと赤い屋根が小さく見えた。ポツンポツンとある人家の片隅に満開の白百合が今を盛りと咲き誇っている。仕事の傍らに植えたのだろうか。花は寂しい心を癒やしてくれる。こんなに深い山の中にも人は住んで生活しているのだ。

今日の最後、富内線に乗る。苫小牧のユースホステルまでもう少し時間がかかりそうだ。列車は勇払《ゆうふつ》原野を走っていた。ゆるやかに蛇行して流れる川、原野を切り開いて作った牧草畑、牛馬の放牧など、のんびりした風景が見られた。のんびりした風景とは裏腹に列車の中は最悪だった。女二人の長旅、二人とも我慢の限界に達していた。今までの不満が爆発した。胸の中のうっぷんが吐き出た。

「特急で行った方が早かったね」

「そうね」

「そうねだって」

「トシエがそんな人だって今分かった」

「チエミだって、勝手じゃない」

「私は、いろいろ我慢していたよ」

「私だって我慢しているのよ」

そんな言い合いをしていたら、列車の外に灰色の海が開けてきた。太平洋だ。あ、人家の奥へ消えてしまった。また現れた。何回か繰り返しながら列車は苫小牧へ近づいていった。

海を見ていたら言い争いも何となく収まってしまった。海は雨のせいか波が高く荒かった。しかしオホーツクの人を寄せ付けない荒々しさはなかった。オホーツク海にはない穏やかな明るさを感じた。

たった数時間前は日高の深い山の中、今は一転して太平洋の海岸線を走っている富内線。北海道は本当に広い。いろいろなものを見せてくれる。

八月六日……さようなら

　今日は、苫小牧から特急「おおとり」で函館まで行く。北海道最後の日だ。いよいよ北海道を去るとなると愛着というか、もう少しいたいなという名残惜しさが出るようだ。荒れ狂うどころか静かに穏やかに私たちを迎えてくれた太平洋。列車の窓越しからでさえ、じっと見ていると怖くなりそうな台風の後のオホーツク海。雨にたたられた今回の旅だったが、摩周湖だけは神秘な美しさを見せてくれた晴天の一日。見知らぬ人と出会って心を通わせたり、幼なじみの友と喧嘩をしたり、自然の雄大さに感動したり、思い出がたくさん詰まった旅となった。

　今日は、冷たく厳しい雨の北方の海をほんの少しだけ覗かせている。あの波に呑まれようとは思わないけれど、あまりに寂しそうに見えた。別れの挨拶をしているのだろうか。夕暮れの雨が、ねずみ色の空がそう思わせるのだろうか。

夏だというのに、誰一人いない海岸には冷たい波が打ち寄せるだけであった。

青函連絡船上にて。

函館発一九時四五分の青函連絡船に乗船する。青森には二三時三五分到着予定である。函館で下車して市内見物をする予定であったが、千恵美が、

「時間がないの、帰らないと。休みもあまりないのよね」

と言うので取り止めになった。

「函館の夜景楽しみにしていたの、がっかりだわ」

「仕方ないでしょう、時間がないのだから。次の時に行って来て」

「え、それはないでしょう」

頭にくるやら、空しいやら、私はイライラする気持ちを抑えるために一人で甲板に出た。

函館の夜景は一〇〇万ドルという。せめて夜景でも見よう。函館の夜景は素晴らしかった。色とりどりの街の灯が点々と遠くまで続いている。それをバックにして「蛍の光」と共に動き出した連絡船。誰しも愛惜の情が湧いてくる。私にはすべての時間が止まっているように思えた。夜景の美しい函館を出港した今、二〇年の諸々の嫌な出来事はこの津軽

海峡に捨てていこう。そんなことを思った。

一人で眺める夜の海は怖いほどであった。

*

私が函館山から念願の夜景を眺めたのは、それから随分経ってからのことである。教師となっていた私は、小学生国内交流の引率として北海道の島を訪れた帰りであった。

八月、函館山の頂上は観光客で溢れかえっていた。人の肩越しからでなければ町を眺めることができないほど混雑している。私は引率だったので少しだけ夜景を見て、子どもたちのところへ戻ることにした。初めて見る函館の街は光り輝くダイヤモンドのようであった。宵の風が涼しさを運んできて気持ちいい。暗がりの中、あちこちに散らばっている子どもたちを帰りのバスに乗せるため私は走った。人々の歓声とため息が耳元に聞こえる。

函館山の夜景観光は同じバスで往復する。先に戻っていた乗客の一人が、

「みんな時間通りに帰ってきたな。えらいぞ。若いからあちこち走り回ってバスの時間を忘れるかと思って心配したよ」

と大きな声で言ったので車内は笑い声に包まれた。照れくさそうな子どもたち。実はバスを降りる時に、

「子どもが多いけど帰りの時間に遅れるなよ。みんなを待たせないでくれよ」

と釘を刺されていたのである。時間通りの行動に団長共々胸をなで下ろした。町を代表して来た子どもたちなので責任ある行動は皆がとれていると自負はしていた。

私の勤務していた町とこの島は7年前に国内交流事業を立ち上げ、夏休みを利用して毎年交互に訪問し合っている。

まだ薄暗い五時、町役場での出発式を終えると教職員や父母の方々の見送りを受けて、一八名全員元気に羽田空港に向けてマイクロバスで出発した。羽田からは飛行機であっという間に函館に着いた。

「え、北海道はこんなに近かったの？」

と、いうのが私の第一印象である。羽田空港から函館空港まで約一時間のフライト。そこからは用意したマイクロバスで江差港まで行く。バスは川の流れに沿って森の中を進んでいった。港に着くまで車一台すれ違わない大自然の道。木に覆われて底まで透き通った川が独りぼっちで流れていた。一度休憩所に立ち寄る。休憩所に行こうと土埃の道を歩い

ていたら、道の端に一株、ハマナスの花が咲いていた。小さな赤い実をつけている。誰も目を止めない道の傍らに静かに咲く花。私が見つけたよ。

港から約二時間フェリーに乗り、目指す島へ。強い潮風が吹く中、大きく波打つ船に揺られていると、これから離島へ行くことを実感する。船底では島に帰る人たちが荷物を枕代わりにして寝ていた。壁に寄りかかっている私に、

「横になって波の揺れに体を合わせていると平気ですよ」

と、教えてくれた。そうしたのだが、なかなか船酔いは治まらなかった。

フェリーの中でホストファミリーの方と出会い、その方が、

「今日来るのをみんな待っていました。遠かったでしょう」

と、親しげに話しかけてきた。この島との交流も七年目に入り、二町の関係が深まっていることを実感する。

到着すると町の先生方、児童の皆さん、ホストファミリーの方々など大勢の人たちが、「歓迎　国内交流訪問団」の横断幕を掲げて出迎えてくれていた。

子どもたちは、O小学校・A小学校・M小学校・I小学校の四つの学校に分かれて登校し、授業に参加する。私たちはその四つの小学校を教育委員会の先生の案内で順番に訪問

した。特に印象に残ったのはＩ小学校である。全校生徒はたったの四人だが一〇〇年以上の伝統がある。しかし残念なことに来年度廃校になるという。真新しい近代的なホールにはロシアの名ピアニストから送られたグランドピアノが置いてある。震災復興を願って寄贈されたものだという。私たちが訪れた時、ピアノを囲んで五人の児童が歌を歌っていた。よく見るとピアノを弾いているのは訪問したＳ小学校の児童だった。すっかり溶け込んでいてＩ小学校の児童に見えた。

児童の感想文を抜粋する。

『ホストフレンドとのご対面はドキドキしたけれど、その子が明るい子だったので、すぐにうちとけることができました。私が訪問したＩ小学校のホールにはロシアのピアニストが、「音楽の力で立ち直ってほしい」という願いを込めて送ったピアノがありました。私はそのピアノを弾かせていただいてとても幸せでした。

一日目、海につれていってくださった時に、天気のいい時には浅瀬にいるはずのウニが、その日は波があらくてなかなか見つかりませんでした。半分あきらめかけて、

「今日は全然ダメだ」

と言ったらお母さんが、

「そこであきらめちゃダメなのよ。絶対につかまえてやると思って探せば必ずいるんだから」

と諭すように言ったのを聞いて、海と一緒に生きるためのきびしさややさしさを感じました。私がこの島に行きたかった理由の一つに友達との交流を深めたいという目的がありました。ホストフレンドは、明るくて心のまっすぐな元気な子でした。将来の夢を聞いた時に、

「勉強をするために島を出たとしても、また帰ってきたい」

という話を聞いて、ここが好きなんだなと思いました。

またいつか、この島を訪れる機会があったら、私の目に焼き付いているままの島であってほしいと思います。』


三日目は、ホストファミリーを含め全児童がI小学校の体育館に宿泊する。初めに全員でキャンプファイヤーを囲んで「燃えろよ、燃えろ」を歌った。

燃えろよ　燃えろよ　炎よ燃えろ　火の粉をまき上げ　天までこがせ
照らせよ　照らせよ　真昼のごとく　炎ようずまき　やみ夜を照らせ
燃えろよ　照らせよ　明るくあつく　光と熱との　もとなる炎

小さな炎が徐々に大きく燃え上がって校庭を明るく照らし始めた。
炎に明るく照らし出されたキャンプファイヤーを囲んでフォークダンスを踊る。

マイムマイムマイムマイムベッサンソン
マイムマイムマイムマイムベッサンソン

繋いだ手の輪が中心に進んでいくと歌声が大きくなり、こだまのように広がった。マイムマイムマイムマイムベッサンソン。歌いながら、炎に向かって大きく足を蹴り上げる子。わざと友達を蹴飛ばす子。手を思いっきり引っ張る子。笑い出す子。そのたびにみんなの距離が近づいていった。踊りながら、
「私は今寒くてセーターを着ています」

と隣にいた若い先生に話しかけた。

「そうですか。私が行った時は、反対に暑くてネクタイができませんでした。関東の先生方は真夏でもネクタイをしていましたね」

その答えに、同じ八月なのに季節感がこんなにも違うのだと思った。

「どうですか？　こっちに来ませんか？　すぐに校長になれますよ」

関東は校長や教頭の試験に受かってもなかなかなれないことを話していたのだ。

「うーん、やっぱり関東がいいです」

私は試験を受けてもいないので、そういう心配はなかったが……。

地区の人たちが用意してくださったバーベキューがおいしく、何回もおかわりをする子。炎に照らされた夜の校庭を走り回る子。潮風が海の匂いを運んできた。校庭の隣はなんと海であった。

星影さやかに　静かに更けぬ　集いの喜び　歌うはうれし
名残は尽きねど　まどいは果てぬ　今日の一日の幸　静かに思う

今回の出会いに感謝し、共に歌った。

次の日は、海岸でゴタッペ《ウキゴリ》釣りをする。海のない県から来たので、みんながこの日を楽しみに待っていた。イカを付けると面白いようにゴタッペ《ウキゴリ》が釣れた。小雨が降っていたが、とても静かな海であった。あの恐ろしい津波が襲ってきたとは信じられないほど穏やかな海であった。

津波館を見学した時、3Dで津波を体験した。映像でさえ迫り来る津波が恐ろしかったのに、現実に目の前に迫ってきた津波はどれだけ恐怖だったろうか。町長さんも震災（一九九三年発生・北海道南西沖地震）の様子をたくさん話してくださった。

「津波が来て、みんな逃げました。山の中腹に来た時、そのまま進む道と上に向かう道に分かれていました。そのまま進んだ人は津波に流されてしまいました。上の方に逃げた人は助かりました。津波が来たら高いところに逃げなければなりません。しかし、あれから一〇年、町は立派に復興しました。これもブーニンさんはじめ多くの人たちの励ましのおかげです」

北海道とロシアは昔から深い繋がりがあったことをこの訪問で知る。この町の公園には石のオブジェが建っている。説明によると、第二次世界大戦後、北方領土の国後島を追われた人々がこの地に入植した。しかし、望郷の念は強く、それは島全体の願いとなる。その願いが一人の彫刻家の心を打ち、この地に氏の制作した彫刻が設置された。石のオブジェは国後島の方角、北を向いて立っている。故郷に帰りたくても帰れない人々が故郷を恋しく思い、眺めるそうだ。戦争の傷跡はここにも残っていたのである。この島の人たちは戦争だけでなく震災という大災害をも乗り越え、立ち直ってきたのであった。

今回、離島で暮らす人々の生活や歴史の一部を垣間見、幸せとは豊かさとは何かをもう一度考え直してみた。物の豊富さや利便性とは違う、自然と共存した生活。その中で生まれた人と人との繋がり。みんなが家族という一体感が島全体を包んでいる穏やかな生活。そんな幸せがこの島にはあった。お世話になった民宿の奥さんがこんなことを話してくれた。

「この島には昔から泥棒がいないんですよ」

島を去る日、港にたくさんの人が見送りに来てくれた。五色のテープが港とフェリーを繋いでいる。私も両手一杯にテープを握りしめた。

「お世話になりました。ありがとうございました」

「来年行くからね」

「待っています」

「また会いましょう」

「さようなら！」

「さようなら！」

「蛍の光」と共に船が動き出した。港とフェリーを繋いでいたたくさんのテープが少しずつ海へ落ちていく。船が港から離れていくと、あちこちから泣き声が聞こえてきた。私も涙がこぼれてきた。各家庭で過ごした四日間は子どもたちにとってかけがえのない貴重な体験だったのだろう。生涯一番の思い出かもしれない。その手伝いをできたことが嬉しく思えた。

八月七日……人生という旅路へ

青森発二三時五九分の急行「八甲田」に乗車する。上野には翌朝の一一時二九分に到着予定。今日で千恵美ともお別れである。


「千恵美、今度の旅行どうだった」

「本当はトシエに聞いてもらいたいことがあったの」

「そうだったの、知らなかった。途中からあんまり話さなくなってしまったものね」

「うん、そうね」

「千恵美は何を話したかったの？」

「信ちゃんとの結婚のことをどうするか聞いてもらいたかったけど言えなかった」

「私がツンツンしていたから」

「うん、そうかな。何だか言い出せなかった」

「私、千恵美の気持ちに気づかなかった。ごめんね」

「お盆に帰るからその時にね」

今夜は気持ちが打ち解けて、以前の仲のいい二人に戻っていた。今日が最後の日だから気まずいまま別れたくないと千恵美も私も思っていた。気持ちが和んできたら今まで溜まっていた疲れが出たのか、ウトウトして、二人ともいつの間にか眠っていた。普段なら寝られないはずの車中で四時間も寝ることができた。車内を見渡すと大方の人が寝ている。旅の疲れであろうか四人掛けの硬い座席にきつそうにしながらも皆寝入っている。狭くて寝づらそうな格好である。しかし、家に帰る安心感か、穏やかな寝顔であった。


東京に帰ってから二年くらいして、千恵美は信ちゃんとめでたく結婚。私は結婚式でスピーチを頼まれた。どんなスピーチをしたのか覚えていないが、花嫁姿の千恵美はとても美しく、幸せそうだったことを覚えている。

あれから五〇年、今回本を出版することを伝えたら喜んで応援してくれた。

「本が出たら教えて。買うわ」

「ありがとうね。千恵美の事も書いたけれどいいかな?」

「楽しみにしているわ」

同じ関東でも北と南に離れているので会う機会はあまりないが、電話越しに聞こえてくる声は穏やかで、昔のままのゆったりした話し方であった。

「あれから五〇年いろいろあったけど、みんな元気でよかった」

「人生これからだものね。お互い長生きしましょう」

これからもよろしくお願いします。

昭和五二年一〇月一五日、二七歳で私は小柴さんと結婚した。顛末は「愛国駅」の章で記した通りである。仕事と家庭と子育てに忙しい毎日だったが若さは素晴らしい。疲れてもすぐに回復する。

それから二年後、八つ違いの妹は信州に嫁いでいった。両親は遅くにできた妹をとてもかわいがっていて遠くに嫁がせるのが寂しく反対のようだった。しかし、二人の強い思いを知り結婚を許した。義弟も度々家を訪ね農家の仕事を手伝っていたようだ。

花束贈呈の時に見せた母の泣き顔は忘れられない。皺だらけの顔に流れた大粒の涙。遠く信州に嫁ぐ娘を思う母の気持ちが会場を包み涙を誘った。結婚式は遠方で行われたので一台のバスに皆が乗って行く。行きの車内は明るく華やいだ笑い声に満ちていた。反対に帰路の車内は会話もあまりなく寂しい限りであった。

妹は一人っ子に嫁いだのでとても大事にされたらしく、

「お祖母さんからお小遣いをもらったよ」

と嬉しそうに話す声が度々電話口から聞こえてきた。

子どもたちが大きくなると二家族九人での旅行が夏・冬の行事となる。

旅行の途中レストランに立ち寄る。人数が多かったので二卓に分かれて座ることにした。賑やかな子どもだけのテーブルを横目に、

「関係ありませんよ」

と、すまし顔でのんびり食事をするはずが、隣のテーブルが気になりあれこれと二人して指図していたことが思い出される。

妹の夫、義弟はスポーツマンである。信州の山へたくさん連れて行ってくれた。白馬岳、唐松岳、富士山。どれもこれも素晴らしい山であった。

スキーも教えてくれた。志賀高原スキー場に行ったときのこと。障害をもった人たちが

国体に出場するための練習に来ていた。七歳の娘がリフトから降りようとした時うまく降りられずに転んで落ちた。すかさず駆け寄って助けてくれたのがその人たちである。

「大丈夫？」

と言って起こしてくれた。そして一本のスキー板でサーッと滑って行き見えなくなった。次々と滑っていく。あっという間である。初めて見た障害者のスキーヤー。「凄い」の一言しかない。

二〇一七年、八月。

いつもは「何日に行くからね」と、連絡してから来るのだが、妹と義弟が突然訪ねて来た。妹は大きなマスクをしていた。

「どうしたの？　どこか具合が悪いの？」

「お姉ちゃん、私膵臓がんになった」

それから四カ月後の一一月。五九歳の誕生日を迎えて三日後、妹は大好きな家族を残して天国に召された。

私は六〇歳を過ぎてから大切な人を二人亡くしている。妹と、もう一人は生涯の親友である恵《けい》ちゃん。短大を卒業した翌年、私は小学校教諭の免許を取るため初等教育科へ入り直した。そこで知り合ったのが恵ちゃんである。

恵ちゃんとはルームシェアと言うのだろうか。ラーメン店の二階の一部屋で二年間一緒に暮らしていた。狭い部屋に机を二つ置き料理の得意な恵ちゃんが食事の支度。私は掃除。何となく役割分担ができていた。お風呂は近くの銭湯に行った。卒業してからも一緒だった。何と同じ小学校に着任したのだ。奇跡だろうか。お互いに二〇歳を過ぎていたので喧嘩はしなかった。気心が知れると相手のやることが何となく分かり失敗が許せるようになる。

「まあ仕方ないかなあ」

と、……。

恵ちゃんと北欧旅行でデンマークに行った時、夕方五時を過ぎた頃、二人で市内観光に出かけることになった。

「さっきはトシエが行きたかった買い物に行ったので今度は私の番よ」

「ハーイ、ＯＫ」

夏の北欧は昼が長い。太陽はまだ南の高い位置にあった。駅に着いたが切符の買い方が分からない。財布を広げていたら通りがかりの婦人が買い方や乗り方を教えてくれた。親切な婦人でよかったと一安心。電車は人も乗るが、犬も乗る。静かに座ってお行儀のいい犬たち。自転車を置く場所が設置されていて自転車ごと移動できるのは便利だ。日本とは大分違う車内風景であった。夜一〇時を過ぎたので帰ろうとして空を見あげたら薄暮の中に丸く白い月が出ていた。日本で見る満月だった。急に日本が恋しくなった。

次のアメリカ旅行を計画していた夏のある日恵ちゃんから電話が来た。

「私今度の旅行だけどキャンセルするわ」

「どうしたの？」

「病院で大腸がんと言われたの」

「それでどうするの？」

「手術と言われたけれどしないつもり」

「どうして、手術をすれば治るでしょう」

「だけど手術はしないわ」

数日後、夫と恵ちゃんの家を訪れたら部屋の整理をしていた。

「今、断捨離しているの」

それから数年間、恵ちゃんは通院と何回かの入院で頑張っていた。ホスピスに入ったと連絡を受け、

「電話をしないでと言われたけどやっぱり電話した」

「今までありがとう。私の分まで長生きしてね」

短く弱々しい声だった。いつもは長く話すのに……。最後の会話だった。


昨年令和三年は二つの喜びを私にもたらしてくれた。長く生きているといいこともあるようだ。

コロナ禍による長い自粛生活の中、私は何気なくインターネットを見ていた。そこでT県の芸術祭文芸賞作品募集を知る。

「応募してみようかな」

そう思うと重く沈んでいた毎日に明かりが差してきた。詩の手帳を机の中から引っ張り

出し、読み返してみると詩の中に私の青春が息づいていた。あの光景、あの時の気持ち。加えるたびに一つ一つの出来事が鮮やかによみがえりその思い出が深まっていった。そして「ひとりで」の詩が完成する。

県の「詩部門」で準文芸賞を受賞。生まれて初めての受賞である。

もう一つは、『旅路　遠い空』の本を出版することである。以前から構想を練ってはいたが筆が進まず中途半端な儘であった。コロナ禍による自粛生活がなければ忙しさに紛れて完成しなかったかもしれない。それに加えて出版社の方の応援が私に書く意欲を後押ししてくれた。パソコンに向かい一行、二行と書いては直して完成に近づく日々は今までとは違う日常生活となった。

＊

午前四時。

東の空が白みかけてきた。朝もやの中に浮かび上がる東北の山々。寝ぼけ眼のせいか東北の峰は何だか重たく感じられた。東に流れているのはもしかしたら北上川ではないだろうか。

四時五〇分。

今まさに太陽が昇らんとしている。朝焼けの中に見える太陽は、なんと力強いのだろう。

堂々として雄々しい。

露涼し東北の峰陽昇る

あとがき

本を出版するなどとは思いもかけなかったことです。

退職してからは、趣味を深めたり、演劇に参加したりいろいろ挑戦してきました。しかし、コロナ禍で皆休会になりました。

何もしないまま家にいることが多くなり、この息苦しさから何とか抜け出したいと思い、今やれることは何だろう、と考えました。

そして以前から旅行記を書こうかなと思い、少しずつ書きすすめている原稿に再び向かい合いました。

この作品は、旅を通して多くの人たちと出会い、その人たちの人生を重ね合わせるように描いた、どこにでもいる平凡な一主婦の回想録です。

自粛生活の中での成果です。早く元の生活に戻れることを祈りつつ……。

今

今日、梅雨が明けた
白い雲のすき間から青空が顔を出す
ミンミンゼミの声が賑やかになり
満開のオニユリがオレンジの美しい花を咲かせている
マルハナバチが野ぶどうの蜜を求めて飛んできた
待ち遠しかった夏

七月一二日、二回目のコロナワクチンの注射を打ってきた
この鬱々とした毎日
夏の光よ打ち破れ

二〇一六年は一万人のゴールド・シアターがあった

全国から集まった六〇歳以上の高齢者たちで作り上げた大群衆劇だ
五千人が歌い踊ったスーパーアリーナでの公演
一つのことを成し遂げるエネルギーが若さを呼び戻してくれた
去年、オリンピック、パラリンピック事業の一環で予定されていた
ノゾエ征爾演出の彩の国さいたま芸術劇場公演が中止になった
全国の高齢者の嘆く声がノゾエ氏のメッセージと共に聞こえてきた
「まだまだやりたい」と……
「まずは生きてやろう。
そしていつか明ける日に備えてエネルギーを蓄えよう」
ノゾエ氏の言葉に励まされ
前を向いて今を乗り越えようと思った

私は今七一歳
思い返すといろいろな出来事があった
嬉しさに心満たされた日、悲しくて泣いた日、悔しくて嫉妬した日

過ぎ去っていったそれらの中に
いくつかの思いがけない喜びもあった
人生ってそんなものかもしれない
たくさんの苦労の中に見つけた思いがけない喜び
それは神様からの贈り物
そんなことを思いながら
今日は夫とビールで乾杯しよう！

参考資料

『ブルーガイドブックス　北海道』昭和四五年　実業之日本社

著者プロフィール
小柴　壽恵（こしば　としえ）

1950年、栃木県生まれ・在住。
短大卒業後、小学校教諭となる。

小学校教諭一種免許状
ふしぎな花倶楽部インストラクター

令和三年度Ｔ県芸術祭文芸賞「詩部門」準文芸賞受賞

旅路　遠い空

2022年４月15日　初版第１刷発行

著　者　小柴 壽恵
発行者　瓜谷 綱延
発行所　株式会社文芸社
〒160-0022　東京都新宿区新宿1－10－1
電話　03-5369-3060（代表）
03-5369-2299（販売）

印刷所　神谷印刷株式会社

ISBN978-4-286-23481-6　　JASRAC 出 2110924-101